Sicher ist sicher. Bei aller Sorgfalt, die wir in der Recherche haben walten lassen, können sich Öffnungszeiten auch einmal kurzfristig ändern, oder ein Lokal ist gerade an Ihrem perfekten Stockholm Wochenende ausgebucht oder geschlossen. Darum empfehlen wir grundsätzlich möglichst weit im Voraus zu reservieren. Ein kurzer Anruf genügt und Sie können sicher sein zur vereinbarten Zeit einen Platz zu finden.

für die Süddeutsche Zeitung Edition 2007
in Kooperation mit smart-travelling GbR, Berlin
Reihe „Ein perfektes Wochenende in ...“

Idee und Konzept: Nicola Bramigk, Nancy Bachmann, Judith Homoki und e27
Texte: Nancy Bachmann
Fotos: Katharina Gossow

Umschlaggestaltung: Verena Bettin, e27, Eberhard Wolf
Art Direktion: Verena Bettin, e27 Illustration: Verena Bettin

Redaktion: Nicola Bramigk, Nancy Bachmann, Renate Bugyi-Ollert

Projektleitung: Dirk Rumberg Produkt Manager: Gabriella Hoffmann
Produktion: JournalMedia GmbH, München
Herstellung: H. Weixler, T. Neseker
Druck: Himmer AG, Augsburg

Printed in Germany
1. Auflage 2007

ISBN: 978-3-86615-428-5

SMART TRAVELLING

EIN PERFEKTES WOCHENENDE IN ... STOCKHOLM

www.smart-travelling.net

LIEBLINGSADRESSEN IN STOCKHOLM

Hotel: Berns Hotel
Näckströmsgatan 8, Norrmalm
Tel: 0046 (0)8 56632200
Seite 8

Hotel: Hotel Hellsten
Luntmakargatan 68, Norrmalm
Tel: 0046 (0)8 6618600
Seite 14

Hotel: Hotel J
Ellenviksvägen 1, Nacka Strand
Tel: 0046 (0)8 6013000
Seite 20

Restaurant: Bakfickan
Karl XII:s Torg, Norrmalm
Tel: 0046 (0)8 6765808
Seite 26

Restaurant: Restaurangen
Oxtorgsgatan 14, Norrmalm
Tel: 0046 (0)8 220952
Seite 34

Restaurant: Prinsen
Mäster Samuelsgatan 4, Norrmalm
Tel: 0046 (0)8 6111331
Seite 44

☞ Weitere Adressen finden Sie unter www.smart-travelling.net

Restaurant: Tranan

Karlbergsvägen 14 , Vasastan

Tel: 0046 (0)8 52728100

Seite 52

Restaurant: Clas På Hörnet

Surbrunnsgatan 20, Vasastan

Tel: 0046 (0)8 165136

Seite 60

Café: Sturehof

Stureplan 2, Östermalm

Tel: 0046 (0)8 4405744

Seite 66

Bar: Cadier Bar

Södra Blasieholmshamnen 8, Norrmalm

Tel: 0046 (0)8 6793585

Seite 74

Shop: Lisa Elmqvist

Östermalms Saluhall, Östermalm

Tel: 0046 (0)8 55340400

Seite 80

Gut zu wissen

Tipps, Ausflüge, Spaziergänge

Seite 89

HAUPTSTADT DES NORDENS

Stockholm bezaubert von der ersten Minute an. Grüne Kupferdächer und prächtige Fassaden, die vom Wohlstand der Bewohner erzählen, leuchten in der hellen Sommersonne, während vom Meer eine leichte Brise durch die Straßen weht. Im Winter ist das schneebedeckte Stockholm mit vielen Lichtern gesprenkelt, wenn schon nachmittags die Sonne untergeht und die schwimmende Stadt in einer unvergleichlichen Atmosphäre versinkt. Sie erscheint dem Besucher wie eine beeindruckende Licht- und Farbinstallation, klar, minimalistisch, modern und quicklebendig. Genauso erlebt man auch die Stockholmer, deren freundliches „hej hej“ zur Begrüßung Offenheit, Freundlichkeit und Professionalität versprüht. Man kann fühlen, dass die Stadt in gesundem Maße pulsiert. In Kultur, Design und Fashion werden immer wieder kreative Akzente gesetzt. Und die Gastroszene überrascht laufend mit neuen Konzepten.

Von lauschig grün bis nordisch durchgestylt können Sie sich an einem Wochenende dem einzigartigen Mix aus Natur, Kultur und kulinarischen Genüssen hingeben. Dabei hält Stockholm die ideale Balance aus Inspiration, Entdeckung und Feriengefühl. Und so lässt einen der Gedanke nicht los, dass sich hier alles genau richtig („lagom“) anfühlt.

BERNS HOTEL

Der Name Berns ist jedem in Stockholm ein Begriff, denn ursprünglich waren die *Berns Salonger* eine Art Nobel-Treffpunkt des ausgehenden 19. Jahrhunderts. In den riesigen prachtvollen Räumen im Stil der Belle Epoque fanden die großen gesellschaftlichen Ereignisse statt. Im Laufe der 80er Jahre wurde das Gebäude schließlich renoviert. Für die von Terence Conran neu gestaltete Weinbar erhielt die Außenfassade einen Glasanbau und nebenan wurde ein feines Hotel mit 65 modern und sachlich eingerichteten Zimmern errichtet. Die Berns Salonger sind auch heute noch der *place to be*, um in Stockholm in einer ungezwungen kosmopolitischen Atmosphäre einen köstlichen Cocktail zu trinken und das Nachtleben mit interessantem, völlig gemischtem Publikum zu genießen. Wollten Sie nicht schon immer einmal in einer fremden Metropole auf der Gästeliste stehen? Als Hotelgast ersparen Sie sich das Schlangestehen und den Eintritt. Einfach an der Rezeption fragen und der Concierge öffnet Ihnen die Seitentür. Musik gibt es für jeden Geschmack. In den hohen Räumen der glamourösen Bar oder dem kleinen Privatclub im Keller legen verschiedene bekannte schwedische und internationale DJs auf. Wer Leben pur liebt, ist hier bestens untergebracht.

Berns Hotel Adresse: Näckströmsgatan 8, Norrmalm
Tel: 0046 (0)8 56632200 Internet: www.berns.de Preise: 65 Zimmer, DZ ab 340 Euro inkl. Frühstück, Besonderheit: Zugang zu Konzerten und Berns Privatclub frei , kostenloser Eintritt zum Spa im Sturebadet

☞ Der Spiegelsaal

Wo 1947 das erste chinesische Restaurants Stockholm eröffnet wurde, kann man auch heute wieder asiatisch speisen. In dem imposanten Spiegelsaal trifft sich das trendige Stockholm zu asiatischer Crossover Küche. Die Gerichte werden bewusst nacheinander serviert, damit jeder von allem probieren kann. Am Wochenende gibt es asiatischen Brunch, der bei den Stockholmern sehr beliebt ist. In den 80er Jahren ein wichtiger Ort für Musiker wie The Roots, Jack Berry und Tommy Lee, die hier gespielt haben, finden auch heute in den güldenen Sälen wieder regelmäßig Konzerte statt.

HOTEL HELLSTEN

Die ganze Welt unter einem Dach. So ungefähr könnte das Motto von Per Hellsten lauten, mit dem er vor zwei Jahren sein Hotel Hellsten gestartet hat. Hinter der Fassade des schwedischen Jahrhundertwendehauses in einer ruhigen Wohnstraße im nördlichen Stockholm, wo einst Pferde mit Karren durch das Eingangstor galoppierten, verbirgt sich unvermutet ein Zuhause, an das jeder Reisende immer wieder gern zurückkehrt. So kann es passieren, dass man morgens in dem schönen verglasten Frühstücksraum neben kolumbianischen Offizieren speist oder abends in der gemütlichen Bar mit Herrn Hellsten persönlich ins Gespräch kommt. Die Zimmeraufteilung ist seit 1898 unverändert, genauso wie der wunderschöne Holzboden, die alten Stuckdecken und die original Porzellan-Kachelöfen in ihren bezaubernden Farben und Formen, die es auch noch in zwölf Zimmern gibt. Es wundert auch nicht, dass der Besitzer viele Jahre als Ethnologe, Fotograf und Journalist um die Welt gereist ist und mehr als 200 Tage im Jahr in Hotels verbracht hat. So weiß er genau, wie ein Hotel nicht sein soll, und dadurch kommen Sie im Hellsten in den Genuss bequemer Betten, moderner Badezimmer mit Telefon, freundlichem Personal mit Charakter – alles in einer wunderbar stimmigen Atmosphäre mit vielen außergewöhnlichen Antiquitäten und Gemälden, die der Hausherr auf seinen vielen Reisen nach Afrika und Asien gesammelt hat.

Hotel Hellsten Adresse: Luntmakargatan 68, Norrmalm
Tel: 0046 (0)8 6618600 Email: hotel@hellsten.se Internet: www.hellsten.se
Preise: DZ ab 160 Euro inklusive Frühstück

☞ Keines wie das andere

Es fällt schwer, ein spezielles Zimmer zu empfehlen, da alle 78 Räume von Per Hellsten individuell eingerichtet wurden und jedes etwas Besonderes anzubieten hat. Hervorheben könnte man das Turmzimmer Nr. 2500, ein eher kleineres Zimmer, dafür mit viel Licht, fröhlichen Lila-, Rot- und Pink-Tönen und einem fantastischen Blick über die Dächer von Stockholm, wo einem sofort der Gedanke kommt, hier einen Roman zu schreiben. Die Juniorsuite 1105, von den Wänden bis zum Sofa ganz in Weinrot gehalten, ist wohl die persönlichste von allen. Der antike Holztisch und das Sofa stammen noch aus der Kindheit von Per Hellsten, der Kronleuchter zum Beispiel ist ein Geschenk seiner Großmutter.

☞ Die günstigere Alternative

Wer etwas preiswerter wohnen möchte, ohne auf den Charme des Jahrhundertwendehauses und den freundlichen Service zu verzichten, der sollte im Schwesterhotel Rex gleich gegenüber reservieren, das nach dem Rex in Saigon benannt wurde. Das Hotel hat 32 gleich große, schwedisch modern eingerichtete Zimmer, in dezenten Farbtönen gehalten mit alten breiten Kieferndielen und persönlichen Fotografien an den Wänden, die von den unzähligen Reisen des Besitzers erzählen. Weil die Nachfrage so groß und Per Hellsten mittlerweile leidenschaftlicher Hotelier ist, wird es in naher Zukunft hier 25 weitere Räume geben. Dazu sind zwei weitere Hotels mit der Handschrift Hellsten in Brasilien und Kenia in Planung.

Rex Hotel Adresse: Luntmakargatan 73, Stockholm, Norrmalm
Tel: 0046 (0)8 160040 Email: reception@rexhotel.se
Internet: www.rexhotel.se Preise: DZ ab 125 Euro inklusive Frühstück

HOTEL J

Mit dem Hotel J lassen sich Städte-Trip und Erholung auf wunderbare Weise vereinen. Nur 20 Minuten Bootsfahrt von Stockholm-Zentrum entfernt liegt die zum Designhotel umgebaute Sommerresidenz von 1912 herrlich idyllisch auf einem kleinen Hügel von Nacka Strand. Wenn Ihnen auf dem Boot sitzend der Wind leise um die Ohren weht und Sie die frische Luft schnuppern, kommt leicht Ferienstimmung auf. Die Gegend erinnert an das amerikanische Seglerparadies Newport. Inspiriert davon trägt auch das Hotel den Namen der besten Segelyacht der Welt (J-Class). Die Liebe zum Meer spiegelt sich auch im maritim schlichten Interieur der 45 Zimmer, die zum Großteil in den Farben Weiß und Blau gehalten sind. Fragen Sie bei der Reservierung unbedingt nach Zimmer 431, hier bekommen Sie die perfekte Mischung aus allem: Meerblick, Terrasse und Kamin. Das Herz des Hotels ist die große Lobby mit einer offenen Küche, wo Sie morgens viele köstliche schwedische Produkte frühstücken und sich am Abend an der Bar mit Selbstbedienung noch einen Drink mischen können. Die schöne Lage lieben auch die Schweden, die gerne mal für ein Wochenende hierher entkommen.

Hotel J Adresse: Ellenviksvägen 1, Nacka Strand Tel: 0046 (0)8 6013000
Email: nackastrand@hotelj.com Internet: www.hotelj.com
Preise: DZ ab 250 Euro inklusive Frühstück

hotel

CW

☞ Restaurant und Bar J

Wenn Sie bei Ihrem Stockholmbesuch nicht hier übernachten, aber trotzdem die Ferienstimmung auf Nacka Strand nicht verpassen möchten, dann nehmen Sie einfach ein Boot vom Nybroplan Richtung Nacka Strand. Direkt an der Boots-Anlegestelle liegt das trendige, zum Hotel gehörende Bar-Restaurant J mit amerikanisch inspirierter Brasserie-Küche, frischen Fischgerichten und guten Drinks. Brunch am Wochenende ist hier unter den Stockholmern sehr beliebt. In Holzliegestühlen am Wasser sitzend die ankommenden Boote beobachten – so könnte ein ganzer Tag leicht verstreichen ...

Adresse: Augustendalsvägen 52, Nacka Strand
Tel: 0046 (0)8 6013025, Email: nackastrand@restaurantj.com
Öffnungszeiten: Täglich 11.30 – 23.00 Uhr, Brunch: Samstag und Sonntag 13.00 – 17.00 Uhr

OPERAKÄLLAREN

BAKFICKAN

Glücklich, wer sich, wenn der Hunger kommt, in der Nähe des Bakfickan aufhält – einem wunderschönen und besonders feinen Edelimbiss. In dem kleinen Raum mit nur 28 Hockern, der auch die „Hinterstube" des Opernkellers genannt wird, warten exquisite schwedische Snacks auf den begeisterten Gast. Mischen Sie sich entweder am langen Bartresen unter die hungrigen Geschäftsleute aus dem Viertel, Schauspieler, Regisseure und Opernbesucher. Oder setzen Sie sich, wenn Sie lieber ungestört sein wollen, an einen der separaten Stehtischchen. Das Interieur ist seit 1961 mit blau gemusterten Kacheln und grünen Messinglampen unverändert ansprechend, genau wie die schwedischen Klassiker auf der Karte. Um Stammgästen gerecht zu werden, die mindestens einmal täglich kommen, sind zu der festen Karte noch wechselnde Tagesgerichte hinzugekommen. Die mittlerweile 73 Bilder an den Wänden erzählen von Sängern und Tänzern, die im Haus schon mal auf der Bühne standen, so dass man sich am liebsten sofort auf einen Opernrundgang begeben würde. Auch wenn die Oper nicht geöffnet ist, dürfen Sie es auf keinen Fall versäumen, einen Blick in das Café Opera, den legendären Speisesaal und die Opernbar zu werfen. Es lohnt sich immer!

Bakfickan Adresse: Karl XII:s Torg, Norrmalm
Tel: 0046 (0)8 6765808 Email: info@operakallaren.se
Internet: www.operakallaren.se Öffnungszeiten: Montag – Freitag
12.00 – 23.00 Uhr, Samstag 12.00 – 22.00 Uhr, Sonntag geschlossen

149:-

ENTRECÔTE M. BEARNAISE
235:-
256:-
157:-
HALSTRAD RÅBIFF
POMMES FRITES
BIFF RYDBERG
DAGENS SALLAD

NABALETTEN
1 3 NYA VERK PREMIÄR 13 MARS 1971
PAQUITA
DEN MIRAKULOSE MANDARINEN
EMBRACE TIGER AND RETURN TO MOUNTAIN

☞ Kleiner Rundgang

Operabaren

Gleich neben dem Bakfickan und mit einer Durchgangstür verbunden, befindet sich die Opernbar. Sie ist winzig und erinnert mit ihrer wunderschönen Originaleinrichtung von 1905 an einen in nordischem Jugendstil gehaltenen englischen Club. Hier können Sie am Nachmittag köstliche Desserts aus der hauseigenen Patisserie probieren oder am Abend bei einem Glas Rotwein in den schweren Ledersesseln versinken.

Speisesaal des Opernkellers

In dem prunkvollen Saal von 1895, wo erlesene Eichentäfelungen an Wänden und Decke, imposante Kristalllüster, roter Samt und weiße Tischdecken zu einer ruhigen Harmonie verschmelzen, wurde schon damals zu feierlichen Festen geladen. Und auch heute gehört der Operakällaren mit seiner gehoben schwedisch-internationalen Küche und einem Stern des Guide Rouge zu den besten Restaurants in Stockholm.

Café Opera

Das im vorderen Bereich des Opernhauses gelegene Operncafé wurde 1980 wiedereröffnet. Unter den außergewöhnlichen Deckengemälden stehen etwas zu ambitioniert weiße, moderne Sessel. Täglich bis 3.00 Uhr nachts geöffnet, ist es ein beliebter Treffpunkt des Stockholmer Nachtlebens, an dem regelmäßig live acts von schwedischen und internationalen Musikern stattfinden, für die offensichtlich keine Werbung gemacht werden muss. Bei schönem Wetter wird die Veranda zum Kungsträdgarden geöffnet. Die Cocktail-Karte überrascht mit interessanten Kreationen wie „Passion for Opera" – ein erfrischender Mix aus Champagner, Wodka und Passionsfrucht.

Restaurangen™

RESTAURANGEN

Wussten Sie, dass Stockholm eine der kreativsten kulinarischen Metropolen in Europa ist? Sieben Köche bereichern auf Sterne-Niveau mit ihren kulinarischen Erfindungen und Können die hiesige Gastronomie. Einer davon ist Melker Andersson, der seine Gäste mit ganz neuen Formeln in Versuchung führt. Von seinen vier Restaurants ist das Konzept vom Restaurangen am originellsten. Denn hier können Sie Ihre Geschmacksnerven auf eine unvergessliche Reise entführen. Das geht so: Aus 15 Hauptgerichten und fünf Desserts, die nach dem jeweils vorherrschenden Geschmack *smak* benannt sind und mit Namen wie „Senf", „Sesam", „Schwarzer Pfeffer" oder „Vanille" auf der Karte stehen, wählen Sie nach Lust und Laune drei, fünf oder sieben Gänge. Jedes Gericht kommt anders präsentiert in besonders schönen Kästchen, Döschen, Töpfchen und in gleich großen Portionen. Dazu wird ein Wein empfohlen, der zur Zuordnung jeweils mit einem Buchstabenzettel am Glas gekennzeichnet ist und das Geschmackserlebnis noch abrundet. Wo das hinführt, kann man dann bei seinen Nachbarn hören: „Lass mich doch mal Deinen „Dill" probieren, und nimmst Du von meiner „Zitrone?" Bei angenehmer Lounge-Musik plaudern die Gäste ungezwungen an den großen Tischen. Da kann es schon mal passieren, dass man die ein oder andere interessante Tischfreundschaft knüpft.

Restaurangen Adresse: Oxtorgsgatan 14, Norrmalm
Tel: 0046 (0)8 220952 Tel: info@restaurangentm.com
Internet: www.restaurangentm.com
Öffnungszeiten: Montag – Donnerstag 11.30 – 14.00 Uhr + 17.00 – 24.00 Uhr, Freitag bis 1.00 Uhr, Samstag 17.00 – 1.00 Uhr, Sonntag geschlossen

Ein Gespräch mit Jonas Ålund

Küchenchef und Partner vom Restaurangen

Woher kam die Idee für das originelle Konzept?

Das war vor zehn Jahren. Ich habe damals zusammen mit Melker Andersson im Frederiksgatan 12 gekocht. Dort waren die Antipasti-Gerichte sehr beliebt. Da kam uns die Idee: Warum nicht einen Ort schaffen, an dem viele kleine Portionen mit unterschiedlichen Geschmacksrichtungen Lust zum Experimentieren wecken? So ist das Restaurangen geboren.

Wie schaffen Sie es, die Begeisterung der Gäste über zehn Jahre auf dem gleichen Level zu halten?

Wir haben mit schlichten Gerichten angefangen, die Komplexität ist mit den Gästen gewachsen. Heute sind die Gerichte aus dem Menü vor allem eine Mischung der schwedischen, italienischen und asiatischen Küche. Und wir wechseln die Karte viermal im Jahr mit den Jahreszeiten.

Welche Gäste kommen ins Restaurangen?

Vor allem Leute zwischen 30 und 40, aber auch älteres experimentierfreudiges Publikum. Für viele ist es der ideale Ort für ein erstes Date, weil der Ort und die Karte so viel Gesprächsstoff bieten, dass die Nervosität schnell verfliegt.

Woher bekommen Sie die Inspiration für Ihre kreative Küche?

Von meinen Reisen, ich liebe London und Paris und ich gehe viel essen.

Kochen Sie noch zuhause, wenn Sie hier die ganze Woche in der Küche stehen?

Ja, natürlich. Vor allem Gerichte, die ich hier nicht kochen kann, wie Würste und Sauerkraut, ich liebe die deutsche Küche.

☞ Weitere kreative Konzepte von Melker Andersson

F12

Mit das trendigste Restaurant der Stadt mit einem Stern vom Guide Michelin ausgezeichnet. Gelungenes, inspiriertes Design mit einem „Touch" Eleganz. Genau das Richtige für die moderne Szene Stockholms, die sich gerne von der tadellos zubereiteten „Fusion"-Küche Melker Anderssons verwöhnen lässt. Auf der Terrasse werden in lauen Sommernächten Drinks zu guter Musik serviert.

Grill

Richtig! Wie der Name schon vermuten lässt, wird hier alles gegrillt, Fleisch, Fisch, Brot, Gemüse, Obst und Dessert. Und das mit fünf verschiedenen Grill-Methoden. Genauso unterschiedlich ist auch das Interieur. Das Restaurant ist in mehrere, unterschiedlich eingerichtete Räume aufgeteilt, die eine moderne und dennoch gemütliche Atmosphäre schaffen.

Kungsholmen

Es ist wie ein stylischer lebendiger Supermarkt mit einem Food-Court mit sechs verschiedenen Stationen: Brot, Salat, Bistro, Sushi, Grill, Eis und einer Cocktail-Bar. Im Winter sitzen Sie in einer großen Halle, die mit ihren gelben Lampen und roten Balken wie ein Bootshaus anmutet, im Sommer genießen Sie den traumhaften Blick aufs Wasser von der offenen Terrasse.

Eine neue Idee ...

Ab Oktober soll der fünfte Andersson-Coup folgen. Ein ausgewählter Ort in der Altstadt, an dem sich Daniel Couet, Mitbetreiber des F12 auf gehobene französische Küche konzentrieren wird.

„Knoblauch“ (Muscheln „Moule Frites”)

Für 6 Personen

Die Muscheln säubern und entbarten.
Die gehackten Schalotten in einer breiten Kasserolle in Butter glacieren, den Knoblauch und die Muscheln dazugeben.
Danach den Weißwein hinzufügen, das Ganze bedeckt ca. 3-4 min. kochen lassen, bis sich die Muscheln geöffnet haben. Die geschlossenen Muscheln entfernen.
Zum Schluss die Sahne und Kräuter hinzugeben und mit Weißweinessig, Salz und Pfeffer abschmecken.

1 kg frische Venusmuscheln
1 TL Butter
2 Schalotten, (fein) gehackt
2 Knoblauchzehen, geschält und (fein) gehackt
10 cl trockener Weißwein
20 cl Sahne
2 TL glatte frische Petersilie
2 TL frischer Estragon
1 TL Weißweinessig
Salz and frisch gemahlener Pfeffer

PRINSEN

Musik werden Sie im Prinsen nicht zu hören bekommen. Dafür ein unvergessliches Stimmengewirr von Künstlern und Leuten aus Kultur und Wirtschaft, die der Institution von 1897 seit vielen Jahren die Treue halten. Es soll schon einmal ein Stammkunde sehnsüchtig aus dem Krankenhaus angerufen haben, um den einzigartigen Prinsen-Sound über das Telefon hören zu können. Dazu erzählen die Bilder an den Wänden illustre Geschichten und geben der typischen 60er Jahre-Einrichtung mit ihren gemütlichen Nischen eine besondere Aura. Seit 20 Jahren füllen Peter Nodin und seine Frau Karina das Prinsen mit Leben. Ihre Inspiration für immer neue Gerichte und Einflüsse in der Küche bringen sie von ihrem jährlichen Sommer-Sabbatical in Italien mit. Der große Weinkeller prägt die umfangreiche Weinkarte mit überwiegend französischen und italienischen Weinen. Doch damit nicht genug, das Prinsen produziert seinen eigenen Champagner, eigenen Cognac und sogar eigenes Bier zusammen mit einer kleinen schwedischen Brauerei. Es ist eine wahre Freude, sich beim Essen von einem der drei Sommeliers durch den Abend begleiten zu lassen. Reservieren Sie sich auf alle Fälle noch einen kleinen Hunger für die leckeren Nachspeisen wie zum Beispiel die opulente Merengue-Tarte von Karina, die im Hause für die Patisserie zuständig ist.

Prinsen Adresse: Mäster Samuelsgatan 4, Norrmalm
Tel: 0046 (0)8 6111331 Email: matsalen@restaurangprinsen.se
Internet: www.restaurangprinsen.com Öffnungszeiten: Montag – Freitag 11.30 – 23.30 Uhr, Samstag 13.00 – 23.30 Uhr, Sonntag 17.00 – 22.30 Uhr

PAGNE

PRINSEN
Rökfri

Spendrups
GRUNDAT ÅR 1897

Wallenbergare

Für 4 Personen

400 g gutes Hackfleisch vom Kalb (reines Fleisch ohne Fett)
1 TL Salz
1/4 Tl Cayenne
„Epice riche" – Gewürzmischung aus schwarzem Pfeffer, Paprika und Knoblauch
4 Eigelb
4 dl Sahne
10 EL Semmelmehl
Butter

10 EL Semmelmehl (im Prinsen wird nur das Innere vom Baguetteteig verwendet, um eine feine Mahlung zu erreichen).
Die Schüssel, in der Sie die Masse kneten, muss unbedingt kalt sein, damit das Kalbshack die Sahne aufnimmt.
Geben Sie das Hackfleisch in die Schüssel und mengen Sie das Salz vorsichtig unter. Dann Cayenne und die Gewürzmischung hinzugeben und gut durchkneten. Anschließend wird ein Eigelb nach dem anderen hinzugefügt. Nun die (kalte) Sahne nach und nach unterrühren und die Masse für mindestens eine Stunde im Kühlschrank ruhen lassen.
Das Semmelmehl (sehr fein) auf dem Schneidebrett ausbreiten. Mit feuchten Händen aus der Hackfleischmasse ca. 100 g schwere, flache Wallenberg Frikadellen formen und in Semmelmehl rollen. Auf jeder Seite ca. 3 min. in Butter braten, bis sie goldgelb und luftig sind. Zum Schluss werden die Frikadellen im Ofen bei 105 Grad ca. 15-20 min. fertig gebacken. Die Wallenberg Fleischbällchen werden mit Kartoffelbrei, warmen grünen Erbsen mit Zwiebeln, Preiselbeeren und einer Rotwein-Madeirasauce serviert.

Café
TRANAN
TRAN

TRANAN

Im Tranan trifft man sich zum Essen, Trinken und der guten Unterhaltung wegen. Schon von draußen lädt das sympathische Nachbarschaftsrestaurant im Wohnviertel Vasastan am Odenplan mit seinen großen Fenstern zum Hereinspazieren und Dazusetzen ein. Rotweiß karierte Tischdecken auf alten, eng nebeneinander stehenden Holztischen und die Stimmen der bunt gemischten Gäste aus dem Viertel versprühen gleich eine ungezwungene, gemütliche Atmosphäre. Der freundliche Kellner Patrik bedient hier schon seit 20 Jahren, er kennt seine Gäste alle beim Namen und kann viele Geschichten erzählen. Mittags wie abends gibt es die gleiche feine Auswahl schwedischer und französisch angehauchter Gerichte, dazu werden auf der Karte jeweils passende Weine empfohlen. Legendär sind die schwedischen Fleischbällchen *Köttbullar* mit Kartoffelpüree, zumal diese nie auf der Karte stehen, obwohl man sie immer bestellen kann. Wie in vielen Restaurants in Stockholm ist eine Bar im Keller angegliedert, so dass Sie – vom Essen gestärkt, zum Trinken nur ein paar Stufen hinunterwandeln müssen. Und mit ein wenig Glück findet dann auch noch ein Live-Konzert statt, denn im Tranan spielen regelmäßig bekannte Musiker aus Stockholm.

Tranan Adresse: Karlbergsvägen 14, Vasastan
Tel: 0046 (0)8 52728100 Email: tranan@tranan.se
Internet: www.tranan.se Öffnungszeiten: Montag – Freitag 11.30 – 1.00 Uhr,
Samstag und Sonntag 17.00 – 1.00 Uhr

☞ Die Geschichte vom Tranan

Erik Lindén hat 1929 das Tranan eröffnet und 30 Jahre lang gemanagt, danach wurde es von seiner Tochter bis in die 80er Jahre weitergeführt. Damals war der heutige Gastraum eine typische Bierkneipe, in die ausschließlich Männer zum Biertrinken kamen, die Frauen durften nur im Service arbeiten. In den 30er und 40er Jahren war die Gegend um den Odengatan eine bekannte Adresse für Prostituierte, so dass bis Mitte der 50er Jahre Frauen als Gäste im Tranan nicht erlaubt waren. Das damalige Interieur, das heute noch teilweise im Restaurant und in der Bar zu finden ist, wurde als Service von der Brauerei dazugeliefert. Interessanterweise gab es die Auflage von der Polizei, die Fenster frei zu halten, damit von draußen immer Einblick ins Innere gewährt werden konnte.

Fleischbällchen „Köttbullar“

Für 4 Personen

Die Zwiebeln in der Butter kurz anbraten. Die Semmelbrösel mit dem Kartoffelmehl und dem Wasser mischen, ca. 10 min. stehen lassen. Die Teigmasse mit dem Hackfleisch und dem gequirlten Ei vermengen und Salz hinzufügen. Mit den Händen walnussgroße Fleischbällchen formen und in der Pfanne braten, zum Schluss mit dem gemahlenen weißen Pfeffer würzen. Das Mehl in die geschmolzene (nicht gebräunte) Butter unterrühren, die Hitze verringern und die Milch hinzufügen. Zum Kochen bringen und 3-4 min. köcheln lassen. Die Sahne und die Kalbsbrühe dazugeben, erneut kurz aufkochen lassen und mit Salz und Pfeffer abschmecken. Die Gurke schälen und in sehr dünne Scheiben schneiden. Salz über die Gurkenscheiben streuen, einen Deckel darauf geben und eine Stunde ziehen lassen. Nun 1 Teil Essig mit 2 Teilen Zucker und 3 Teilen Wasser mischen, bis sich der Zucker aufgelöst hat und mit dem schwarzen Pfeffer abschmecken. Die Gurke und die klein gehackte Petersilie hinzufügen und bis zum Servieren durchziehen lassen. Die Fleischbällchen werden klassisch mit Kartoffelpürree, Soße, eingelegten Gurken und Preiselbeermarmelade serviert.

Die Fleischbällchen:
500 g Hackfleisch (halb Rind, halb Schwein)
3 EL fein gehackte Zwiebeln
3 EL geschmolzene Butter
4 EL Semmelbrösel
1 EL Kartoffelmehl
1,5 dl Wasser
1 Ei
1,5 TL Salz
gemahlener weißer Pfeffer

Die Soße:
2 EL geschmolzene Butter
2 EL Mehl
4 dl Milch
1,5 dl konzentrierte Kalbsbrühe
1 dl Sahne
1 Prise Salz
1 Prise schwarzer Pfeffer

Die eingelegten Gurken:
1 Gurke
2 EL Essig
4 EL Zucker
1,2 dl Wasser
2 EL klein gehackte Petersilie
1 Prise Salz, schwarzer Pfeffer

CLAS PÅ HÖRNET

CLAS PÅ HÖRNET

Eine Oase in der Stadt! Spaziert man den Surbrunnsgatan entlang, sticht einem sofort das alte, weinrot gestrichene Holzhaus ins Auge, ein letztes Überbleibsel aus dem 18. Jahrhundert, als der nördliche Teil von Stockholm noch pures Land war und hier die Pferde grasten. Im Sommer sitzen Sie hier ganz idyllisch bei Vogelgezwitscher unter großen Bäumen auf der Terrasse. Betritt man den Gastraum mit den schönen antiken schwedischen Möbel-Relikten früherer Versteigerungen, den glitzernden Kronleuchtern und den Schwarzweiß-Fotografien des früheren Stockholm an den Wänden, überkommt einen sofort das Gefühl, die Zeit sei hier stehen geblieben. Das gilt allerdings nicht für die Küche! Hier bringt Chef Daniel Sjöqvist seit eineinhalb Jahren Frische in das vor seiner Zeit eher traditionelle Essen: schwedische Spezialitäten und Hausmannskost in Light-Version. Dabei legt er viel Wert auf regionale Produkte und Zulieferer, nach denen er seine Karte täglich neu schreibt. Mittags finden sich etwas einfachere Gerichte auf dem Menü, bewusst angepasst an die einstündige Mittagspause der Stockholmer, wie Sjöqvist betont. Abends kommt man dann hingegen in den vollen Genuss seiner Kreationen.

Clas På Hörnet Adresse: Surbrunnsgatan 20, Vasastan
Tel: 0046 (0)8 165136 Email: info@claspahornet.se
Internet: www.claspahornet.se Öffnungszeiten: Montag – Freitag
11.30 – 24.00 Uhr, Samstag 17.00 – 24.00 Uhr, Sonntag geschlossen

☞ Auch zum Übernachten

Nur ein kleines Schild neben der Tür verrät, dass man im Clas På Hörnet auch übernachten kann. Über dem Restaurant, wo schon der schwedische König Frederik I. rauschende Feste gefeiert hat, befinden sich zehn Zimmer, davon sieben Doppelzimmer, eine Suite und zwei Einzelzimmer. Alle sind sie unterschiedlich und geschmackvoll eingerichtet mit gemütlichen alten schwedischen Möbeln ausgewählt von der gastfreundlichen Chefin von Hotel und Restaurant Marianne Turegard.

Värdshuset Clas På Hörnet
Tel: 0046 (0)8 165130, Email: boka@claspahornet.se
DZ ab 195 Euro inklusive Frühstück, am Wochenende ab 139 Euro

STURE HOF

STUREHOF

Auf der schönen Terrasse sitzen, ein Glas Champagner genießen und dabei das volle Leben des Stureplans überblicken – das geht nirgends besser als im Sturehof. Wie ein Magnet liegt die beliebte Brasserie inmitten von Östermalms Designerboutiquen, schicken Läden und Restaurants. Das leuchtend rot-blaue Symbol auf der weißen Markise verrät sogleich, was man hier am besten isst: Fisch! Dicht gedrängt trifft sich hier Stockholms Szene das ganze Jahr über von früh morgens bis spät abends. 1998 gelungen zeitlos eingerichtet von dem bekannten schwedischen Architekten Jonas Bohlin hat sich der Sturehof heute schon zu einem modernen Klassiker entwickelt. Drinnen kann man sich gar nicht satt sehen an dem zeitlos formschönen Interieur und den unzähligen Details, die über vier verschiedene Restaurantbereiche und die Bar verteilt sind – quietschgrüne Ballettrocklampen über braunen Lederbänken, gemalte Ernst Bilgen-Fische an den Wänden oder herrlich türkisblaue Wände mit weißen Kacheln zu dunklem Holz. An das frühere Lokal von 1890 erinnert noch die wunderschöne handgemachte Glaswand von Labouré in Paris zwischen Bar und Restaurant. So eine Adresse wünscht man sich in jeder Stadt, an der man gleich mitten im Geschehen ist und auch bei später Anreise noch in den Genuss feiner Bistrotküche kommt. Zum Glück gibt es einen Bereich, in dem nicht reserviert werden muss und der auf spontane Gäste wartet.

Sturehof Adresse: Stureplan 2, Östermalm Tel: 0046 (0)8 4405744
Email: info@sturehof.com Internet: www.sturehof.com
Öffnungszeiten: Montag – Freitag 11.00 – 2.00 Uhr, Samstag 12.00 – 2.00 Uhr, Sonntag 13.00 – 2.00 Uhr

Ein Gespräch mit Juha Harmaala

Manager vom Sturehof

Wer steht eigentlich hinter dem Sturehof?

Die Eigentümer sind zehn Privatpersonen, denen auch zwei weitere Restaurants, das Riche und das Teatergrillen gehören. Unser Team besteht insgesamt aus 74 festangestellten Leuten.

Was steckt genau hinter Ihrer Philosophie?

"Keep Sturehof as a brasserie." Die Gäste kommen in den Sturehof, um jederzeit ein schnelles und gutes Essen zu bekommen. Wir bieten full service von 11.00 bis 1.00 Uhr nachts und das jeden Tag im Jahr.

Welche Gäste kommen in den Sturehof?

Zu unseren Gästen zählen Feinschmecker, die Szene Stockholms, aber auch mal der Großvater mit seinem Enkel.

Was ist das Besondere an Ihrer Karte?

Wir haben ein täglich wechselndes Fisch- und ein Fleischgericht sowie einen Salat der Woche. Das Kartenmotiv wird jeden Monat von zwei Designern neu gestaltet. Wir lassen uns immer wieder neue Aktionen für unsere Gäste einfallen, z.B. haben wir diesen Monat das „Kartoffel und Hering Festival" im Sturehof. Im August feiern wir an einem Abend eine „Flusskrebs-Party", die Staffan Klingspor mit schwedischen Schnaps-Liedern begleitet.

Welche Gerichte sind besonders beliebt?

Im Sturehof sollte man unbedingt Fisch essen. Besonders beliebt ist der Codfisch oder Hering. Und wenn man es lieber leichter mag, ist der Krabben-Avocado-Salat eine gute Wahl.

STURE
S T U R
STURE

CADIERBAREN
CADIERBAREN

CADIER BAR

Benannt ist sie nach dem Franzosen Régis Cadier, der schon bei König Oskar I. gekocht hat und vor 130 Jahren das Grand Hôtel eröffnete, in dem man die nun renovierte Cadier Bar findet. Ohne Zweifel die schönste der Stadt, mit einem beeindruckenden Logenblick auf den Hafen und die Altstadt Gamla Stan mit dem Königlichen Schloss. Entspannt, auf violetten Fauteuils und in großzügiger Weitläufigkeit nippt man an den exquisiten Drinks und Cocktails, die hinter dem schönen, unendlich langen Bartresen gemixt werden. Die Cadier Bar ist bei Stockholmern genauso beliebt wie bei Hotelgästen, die den Service rund um die Uhr genießen. Morgens geht es mit einem Frühstück à la carte los, gefolgt vom Lunch, dem beliebten Afternoon Tea mit Scones, ausgewählten Sandwiches und einem wechselnden Barmenü bis in die Nacht. So könnte man im kuschelig Warmen den ganzen Tag damit verbringen, durch die großen Fenster den ankommenden und abfahrenden Schiffen vor der Tür zuzuschauen, bis die Lichter auf den Holmen (so nennen die Stockholmer ihre Inseln) allmählich ausgehen.

Cadier Bar Adresse: Södra Blasieholmshamnen 8, Norrmalm
Tel: 0046 (0)8 6793585 Email: cadierbaren@grandhotel.se
Internet: www.grandhotel.se Öffnungszeiten: Montag – Samstag
7.00 – 2.00 Uhr, Sonntag 7.00 – 0.30 Uhr

☞ Nobelpreis und Grand Hôtel

Jedes Jahr residieren Physiker, Chemiker, Mediziner und Literaten in den Suiten des Grand Hôtel, bevor sie mit einem Nobelpreis im Gepäck wieder abreisen. Im grandiosen Spiegelsaal fand 1901 das erste Nobelpreis-Diner statt, zu deren Gästen Personen wie Wilhelm Conrad Röntgen (Physik) und Emil von Behring (Chemie) gehörten. Aus Platzgründen werden die Festessen jedoch seit 1930 nicht mehr im Haus abgehalten. Der Nobelpreis wird nach wie vor am 10. Dezember, allerdings jetzt im Konzerthaus verliehen, die Feierlichkeiten finden im Stadthaus statt.

☞ Mathias Dahlgren

Nur eine Tür weiter hat Mathias Dahlgren, einer der besten schwedischen Köche, im Mai 2007 einen neuen Gourmettreffpunkt in Stockholm eröffnet. Es sind zwei Essenskonzepte, die sich auch in dem gelungenen Interieur und Style der englischen Designerin Ilse Crawford widerspiegeln. „Matbaren" ist eher lässig, hier wird mittags wie abends Frisches vom Markt in mittleren Portionen ideenreich und schnell serviert, und da nicht reserviert werden kann, hat man hier leichter eine Chance einen Platz zu erobern. Für ein Essen im eleganten „Matsalen" hingegen sollten Sie sich den ganzen Abend Zeit nehmen. Hier ist Zelebrieren angesagt, wenn Mathias Dahlgren seine phantasievollen Kreationen in mehreren Gängen mit passenden Weinen auftischt. Reservieren Sie unbedingt im Voraus, das Restaurant ist häufig ausgebucht.

Adresse: Södra Blasieholmshamnen 6, Norrmalm, Tel: 0046 (0)8 6793584, Email: info@mdghs.com, Internet: www.mdghs.com, Öffnungszeiten: „Matbaren" Montag – Freitag 12.00 – 14.00 Uhr + 18.00 – 24.00 Uhr, Samstag 18.00 – 24.00 Uhr, „Matsalen" Montag – Samstag 19.00 – 24.00 Uhr, Sonntag geschlossen

Lisa Elmqvist
KNOT
KUMMEL
LAX
PIGGVAR
REGNBAGE

LISA ELMQVIST

Die Östermalms Saluhall ist seit 1889 Stockholms traditionelle Markthalle im schicken Stadtteil Östermalm und gehört zu den sieben eindrucksvollsten Märkten der Welt. Im hinteren Teil findet man die Stockholmer Institution Lisa Elmqvist: schwedische Delikatessen für Feinschmecker. Das Familienunternehmen in der vierten Generation ist mit mehreren Marktständen für exzellenten Fisch, Käse, Fleisch und Desserts sowie zwei Restaurants der Platzhirsch unter den Ständen. Angefangen hat alles vor über 80 Jahren, als Lisa Elmqvist, die Tochter eines Fischers von den Archipelago-Inseln nach Stockholm kam und hier ihren kleinen Fischhandel eröffnete. Auch heute noch werden die zahlreichen Köstlichkeiten nach ihren traditionellen Rezepten zubereitet. Am besten kosten Sie sich vorher schon mit der gemischten Fischplatte des Hauses „Delitallrik" durch die vor ihren Augen frisch zubereiteten Gerichte, bevor Sie Ihre Lieblingsprodukte für die Daheimgebliebenen als Mitbringsel verpacken lassen. Im Gegensatz zu vielen langläufigen Markthallen kann man hier erstaunlich gemütlich sitzen und den Tag in aller Ruhe und bei bestem Essen verstreichen lassen. Beim Rausgehen sollten Sie unbedingt am Bäckerstand gleich beim Eingang Halt machen: Hier gibt es die besten *Vanille* und *Kaneel bulle* der Stadt, köstliche Hefekringel mit Zimt oder Vanillecreme gefüllt, die Kindheitserinnerungen wecken.

Lisa Elmqvist Adresse: Östermalms Saluhall, Östermalm
Tel: 0046 (0)8 55340400 Email:info@lisaelmqvist.se
Internet:www.lisaelmqvist.se Öffnungszeiten: Montag – Donnerstag
9.30 – 18.00 Uhr, Freitag bis 18.30 Uhr, Samstag bis 16.00 Uhr

21
LISA ELMQVIST
21
LISA ELMQVIST
21

300

Ein Gespräch mit Mattias Johansson

Manager im Restaurant Lisa Elmqvist

Ist die schwedische Hausmannskost bei der jüngeren Generation überhaupt noch angesagt?

Ja, natürlich. Der Trend geht wieder mehr hin zu schwedischen Traditionen, Produkten und Gerichten. Allerdings hat bei dem schnellen Leben, das wir heute führen, keiner mehr die Zeit, alles selbst zu kochen. Bei Lisa Elmqvist kauft man dann den Fisch oder das Fleisch schon mal vorbereitet und macht zum Beispiel nur noch die Soße selbst.

Versuchen Sie auch neue Gerichte auf die Karte zu bringen?

Etwa 85 Prozent unserer traditionellen Gerichte bleiben immer gleich. Aber wir variieren auch mit modernen Rezepten wie Thunfisch mit Teriyaki Sauce, oder wir denken uns neue Geschmacksrichtungen mit Hering aus wie Wodka & Basilikum oder Zitrone & Koriander.

Welche Produkte verkaufen Sie am häufigsten?

Marinierten Lachs und Hausmannskost wie zum Beispiel Fleischbällchen. Eigentlich alles, was mit Fleisch und Saucen zu tun hat. Zu den großen Ferien wird viel Hering mit Västerbotter Käse verkauft. Übrigens auch eine beliebte Vorspeise, wenn man hier bei uns Freunde einlädt.

Und was ist für Sie das beste Mitbringsel, wenn Sie Freunde besuchen?

Eindeutig Skagen Mix.

Mal angenommen, Sie sind für eine Weile nicht in der Stadt. Wohin in Stockholm zieht es Sie als Erstes nach Ihrer Rückkehr?

In den Sturehof, auf ein Glas Champagner und ein paar frische Austern. Danach würde ich ein neues Paar spanische Schuhe von Farux kaufen. Und zum Diner einen Tisch bei Mathias Dahlgren, dem neuen angesagten Restaurant neben dem Grand Hôtel, reservieren.

☞ Lieblingsprodukte

Lachs: zählt zu den ältesten Produkten im Laden und lässt sich vakuumverpackt perfekt mit nach Hause nehmen.

Skagen Mix: ein Salat aus frischen Garnelen, Mayonnaise, Dill und Zitrone, zu dem Toast serviert wird.

Pickled Herring mit Västerbotter: eingelegter Hering mit traditionellem gelben schwedischen Käse, der geschmacklich an Cheddar erinnert.

Dunkles Brot: das typische schwedische leicht süßliche Brot mit Rübensirup und Gewürzen à la Lisa Elmqvist. Natürlich wird es jeden Tag frisch gebacken.

SMART TRAVELLING

GUT ZU WISSEN

Stockholm ist groß, darum ist dieser Infoteil so klein. Hier erfahren Sie nicht alles und jedes, sondern genau das, was Sie für ein perfektes Wochenende brauchen. Wenige, aber genau die richtigen Informationen: Wissenswertes über die Stockholmer Lebensart, eine kleine subjektive Auswahl an Sehenswürdigkeiten, Spaziergängen und Tipps für Unternehmungen am Sonntag. Dazu einen Stadtplan mit all unseren Lieblingsadressen, damit Sie nicht lange suchen müssen, sondern gleich anfangen können Stockholm zu genießen.

DIE SCHÖNSTEN MUSEEN

Nationalmuseum

Auf Blasieholmen liegt das Nationalmuseum der schönen Künste und beherbergt eine erstklassige Sammlung an skandinavischer und europäischer Malerei wie auch Skulpturenkunst vom 16. bis zum 20. Jahrhundert. Zu den großen Meistern, die Sie hier bewundern können, gehören u.a. schwedische Größen wie Anders Zorn und Carl Larsson, daneben gilt es Rembrandt, Rubens, Renoir, Degas und Gauguin zu bestaunen. Besonders interessant ist auch die Dauerausstellung „1900 – 2000“ rund um das Thema schwedisches Design, die zeigt, welche bedeutende Rolle die angewandten Künste in der schwedischen Kultur spielten.

Södra Blasieholmshamnen,
Tel: 0046 (0)8 51954310
www.nationalmuseum.se
Öffnungszeiten:
Dienstag 11.00 – 20.00 Uhr,
Mittwoch – Sonntag 11.00 – 17.00 Uhr, Montag geschlossen

Vasa Museum

Fragt man einen Stockholmer nach einer Aufzählung seiner Lieblingsmuseen, ist immer auch das Vasa Museum dabei. Das Museum befindet sich auf der Insel Djurgården hinter der Brücke Djurgårdsbron und ist sowohl Gebäude als auch Schiff. Die 1628 unter König Gustav Vasa erbaute „Vasa“ sollte eines der beeindruckendsten Kriegsschiffe der schwedischen Marine werden, sank aber leider schon wenige Minuten nach dem Stapellauf aus dem Stockholmer Hafen. Über 300 Jahre später wurde es beinah unversehrt geborgen und steht nun unweit der Unglücksstelle sicher im Trockenen, wo es heute als Museum dient. Es ist fast vollständig erhalten und mit einer Verzierung aus Hunderten von geschnitzten Skulpturen im Renaissance- und frühen Barockstil ein weltweit einzigartiger Kunstschatz. Alles was mit dem Schiff in Zusammenhang steht, wird in neun Ausstellungen sehr anschaulich präsentiert.

Galärvarvsvägen 14, Djurgården
Tel: 0046 (0)8 51954800
www.vasamuseet.se
Öffnungszeiten:
Täglich 10.00 – 17.00 Uhr, Mittwoch bis 20.00 Uhr (Sept – Mai), täglich 8.30 – 18.00 Uhr (Juni – Aug)

Hallwylska Museum

Hinter der geschlossenen Häuserfassade in der Hamngatan 4 verbirgt sich ein reizvoller Innenhof. Betritt man die Stufen des fünfstöckigen Palais, begibt man sich auf eine Reise zurück in die Zeit von vor 100 Jahren. Es öffnet sich eine wahre Schatztruhe randvoll gefüllt und bestens archiviert mit wertvollen Gemälden, antiken Möbeln und Prachtgegenständen aus der Silbersammlung, Objekten der bekanntesten Porzellanhersteller, Keramik aus China sowie Teppichen und Tapeten. Zusammengetragen wurden sie von dem schwedischen Grafenpaar Walter und Wilhelmina von Hallwyl, die landesweit zu den großen Sammlern von exklusiver Kunst, Kunsthandwerk und besonderen Alltagsgegenständen gehörten. Die schönen Objekte sind größtenteils noch im selben Zustand zu betrachten, wie sie 1920 an den schwedischen Staat übergeben worden sind.

Hamngatan 4, Norrmalm
Tel: 0046 (0)8 51955599
www.hallwylskamuseet.se
Öffnungszeiten: Dienstag – Freitag 11.00 – 17.00 Uhr, Mittwoch auch 18.00 – 19.00 Uhr, Samstag – Sonntag 11.30 – 16.00 Uhr, Montag geschlossen

X Modernes Museum + Swens Form

Auf Skeppsholmen liegt das Museum der Moderne. Es wurde 1998 von dem spanischen Architekten Rafael Moneo erbaut, im gleichen Jahr, als Stockholm Europas Kulturhauptstadt war. Mit seiner beeindruckenden Auswahl an skandinavischer und internationaler Malerei, Fotografie und Videoinstallationen auf über 1000 qm Ausstellungsfläche gehört es weltweit zu den bedeutendsten Museen für die Kunst des 20. Jahrhunderts. Neben dem gut sortierten Buchladen ist auch besonders das Café-Restaurant einen Besuch wert, von dem man einen fantastischen Blick auf die Insel Djurgården hat.

Slupskjulsvägen 7, Skeppsholmen
Tel: 0046 (0)8 51955200
www.modernamuseet.se
Öffnungszeiten:
Dienstag 10.00 – 20.00 Uhr, Mittwoch – Sonntag 10.00 – 18.00 Uhr, Montag geschlossen

Svensk Form

Auch die schwedische Vereinigung für Handwerk und Design, Svensk

Form, stellt auf Skeppsholmen öffentlich zu wechselnden Themen aus und lohnt einen Besuch für alle Designliebhaber.

Holmamiralens väg 2, Skeppsholmen, Tel: 0046 (0)8 4633130
Email: info@svenskform.se
www.svenskform.se
Öffnungszeiten: Mittwoch 17.00 – 20.00 Uhr, Donnerstag + Freitag 12.00 – 17.00 Uhr, Samstag + Sonntag 12.00 – 16.00 Uhr

ARCHITEKTUR

X Waldfriedhof Skogskyrkogården

Es ist ein besonderer Ort mit einer sehr beruhigenden Atmosphäre. Der Waldfriedhof Skogskyrkogården wurde zum Weltkulturerbe der UNESCO ernannt und ist eine der bedeutendsten Arbeiten moderner Architektur. Zwischen 1914 und 1940 durch Gunnar Asplund und Sigurd Lewerentz erbaut, reflektiert er nicht nur den Stilwechsel dieser Zeit, sondern ebenso eine Interaktion zwischen funktionaler Architektur und idyllischer Landschaft. Die Hauptkapelle und das Krematorium waren Hauptarbeit von Asplund, während Lewerentz die Auferstehungskapelle und die sich streckende architektonische Landschaft kreierte.

Sockenvägen 492, Enskede
Tel: 0046 (0)8 50830100
Öffnungszeiten: Täglich geöffnet

SCHWEDISCHES DESIGN UND LÄDEN

Schwedisches Design wird besonders geschätzt wegen seiner klaren Linien, hellen Farben und Naturmaterialen. Hier finden Sie ein paar ausgewählte Shops, die Sie auf keinen Fall verpassen sollten.

Modernity

Bei Modernity kann man Designklassiker der Möbelwelt auf höchstem Niveau finden. Für Fans schwedischen Designs aus den 40er bis 70er Jahren ist es die perfekte Adresse.

Sibyllegatan 6, Östermalm
Tel: 0046 (0)8 208025
www.modernity.se
Öffnungszeiten:
Montag – Freitag 12.00 – 18.00 Uhr,
Samstag 11.00 – 15.00 Uhr

Asplund

Ähnlich wie David Design ist auch Asplund in der internationalen Designwelt ein weiteres Highlight: Pure Formen, freundliche, klare Buntstiftfarben – verlässliche Assoziationen, die auch der Design-Unkundige mit Schweden verbindet. Hier finden Sie anspruchsvolle Kleinmöbel mit Humor und Stil.

Sibyllegatan 31, Östermalm
Tel: 0046 (0)8 6625284
www.asplund.org
Öffnungszeiten:
Montag – Freitag 11.00 – 18.00 Uhr,
Samstag 11.00 – 16.00 Uhr

R.O.O.M.

Was in London der Conran Shop, ist R.O.O.M. in Stockholm – ein Muss für alle Designfans. Hier werden hauptsächlich Wohnaccessoires, Kleinmöbel, Bücher, Geschirr und Gartenaccessoires verkauft. Etwas abseits auf Kungsholmen in einem schönen Backsteingebäude gelegen.

Alströmergatan 20, Kungsholmen
Tel: 0046 (0)8 6925000
www.room.se
Öffnungszeiten:
Montag – Freitag 10.00 – 18.00 Uhr,
Samstag 10.00 – 16.00 Uhr

David Design

Die bekannteste schwedische Designgruppierung. Schon längst über die Grenzen Schwedens hinaus auch international bekannt, zeigt sie in der Nybrogatan ihre Möbel- und Wohnaccessoire-Kollektion kombiniert mit anderen Labels.

Nybrogatan 7, Östermalm
Tel: 0046 (0)8 6119155
www.david.se
Öffnungszeiten:
Montag – Freitag 10.00 – 18.00 Uhr,
Samstag 11.00 – 16.00 Uhr

DELI SHOPPING

Chokladfabriken

Die Chokladfabriken auf Södermalm bieten eine exquisite Auswahl an feinen handgemachten Schokoladenkreationen von Feigen-Marzipan bis Cognac-Trüffel, die man auch gleich vor Ort in dem kleinen Café frisch genießen kann. Einmal im Monat kann man sogar hinter die Kulissen der Schokoladenfabrik schauen und sich durch die schokoladigen Geheimnisse kosten. Die Tickets dafür sind im Laden erhältlich.

Renstiernas Gata 12, Södermalm
Tel: 0046 (0)8 6400568
www.chokladfabriken.com
Öffnungszeiten: Montag – Freitag
10.00 – 18.30 Uhr,
Samstag 10.00 – 17.00 Uhr

Ingelsta Kalkon

Der kleine Laden ist ein schönes Relikt schwedischer Vergangenheit. Der moderne, internationale Deli-Stil ist mitsamt seiner Produktpalette hier vorbeigegangen. Köstliche schwedische Delikatessen wie Rentierschinken, Heringe und Käse werden unverändert der älteren, treuen Kundschaft angeboten.

Humlegårdsgatan 13, Östermalm
Tel: 0046 (0)8 6603366
www.ingelstakalkon.se
Öffnungszeiten: Montag – Freitag
10.00 – 18.00 Uhr,
Samstag 10.00 – 14.00 Uhr

Vete-Katten

Es ist der ideale Ort für eine „Ficka"-(Kaffee) Pause. In dem alten Café von 1928 sitzt man gemütlich wie bei der

Großmutter und genießt an alten Holztischen mit Spitzendeckchen und Silberlöffeln köstliche kleine schwedische Küchlein oder Sandwiches. Es gibt mehrere Räume und eine hauseigene Bäckerei und Patisserie. Die typisch schwedischen Kaneelbulle (Hefekringel mit Zimt) gehören zu den besten der Stadt.

Kungsgatan 55, Norrmalm
Tel: 0046 (0)8 208405
www. vetekatten.se
Öffnungszeiten: Montag – Freitag 7.30 – 20.00 Uhr, Samstag 9.30 – 17.00 Uhr, Sonntag geschlossen

Blueberry

Das Konzept erinnert an eine moderne Apotheke. In dem stylischen, in viel Weiß getauchten Shop gibt es viele gesunde Leckereien und Drinks wie erfrischende Smoothies und Säfte aus Weizengras, frische Gemüse- und Obstsorten, eigenes Müsli, selbstgebackene gesunde Kuchen und eine tägliche Lunch-Tüte aus biologischen Zutaten. Alles zum Mitnehmen für ein gesundes Frühstück oder einen Snack zwischendurch.

Sibyllegatan 15, Östermalm
Tel: 0046 (0)8 6612550
www.blueberrylifestyle.se
Öffnungszeiten:
Montag – Freitag 10.00 – 19.00 Uhr, Samstag 11.00 – 15.00 Uhr, Sonntag geschlossen

Riddar Bageriet

Kein Wunder, dass man hier Schlange stehen muss. In der kleinen Bäckerei kauft das trendige Stockholm Croissants, Baguettes und Sauerteigbrote sowie feine schwedische Küchlein von Stockholms bekanntem Bäckermeister Johan Sörberg. Interessant sind auch seine Knäckebrotkreationen z.B. mit Anis & Polenta. Die gerade erworbenen Köstlichkeiten kann man an einem der drei Tische gleich frisch vor Ort verzehren.

Riddargatan 15, Östermalm
Tel: 0046 (0)8 6603375
Öffnungszeiten:
Montag – Freitag 8.00 – 18.00 Uhr, Samstag 8.00 – 15.00 Uhr

☞ Weitere Adressen und aktuelle Tipps finden Sie auf unserer Website unter www.smart-travelling.net

ENTSPANNEN IM STUREBADET

Wenn Sie müde vom Laufen sind und sich nach Entspannung sehnen, dann sind sie hier genau richtig. Das wunderschöne alte Bad ist ein wahres Kleinod, das 1885 vom Arzt Carl Curman gegründet wurde. Er wusste offenbar damals schon, was die Menschen für ihre Gesundheit wirklich brauchen: Bewegung und danach ein entspannendes Verwöhnprogramm für Haut und Seele. In dem opulenten türkischen Badetempel, zu dessen Anhängern auch schon Greta Garbo gehörte, kann man leicht neue Kräfte tanken, zudem werden mehr als fünfzig Spa-Anwendungen, Massagen und Packungen angeboten.

Sturegallerian 36, Östermalm
Tel: 0046 (0)8 54501500
www.sturebadet.se
Öffnungszeiten:
Montag – Freitag 6.30 – 22.00 Uhr,
Samstag – Sonntag 9.00 – 19.00 Uhr

FÜR KALTE TAGE

iglo ljuscafé

Wenn die Tage im Herbst und Winter kürzer und dunkler werden und Müdigkeit und Antriebsschwäche drohen, hat Martin Sylwan zur Vorbeugung im hippen Stadtteil Södermalm das Iglo Ljuscafé eröffnet. Der spezielle Lichtraum in Form eines Iglus wird von einem weißen Breitspektrumlicht erhellt, das von der weiß gehaltenen Einrichtung reflektiert wird, sogar die Alltagskleidung wird durch einen weißen Umhang überdeckt. Während Sie eine Stunde lang kräftig Licht tanken, können Sie gesunde Leckereien wie Frühstück mit Müsli, Knäckebrot, Marmeladen, Käse, schwedischen Kaviar und Sandwiches zu biologischem Tee, fairtrade-Kaffee oder Säften genießen. Eine geniale Idee, die offenbar bei den Stockholmern sehr beliebt ist, so dass sich eine Vorabreservierung empfiehlt. Die Iglu-Lichthöhle kann übrigens auch komplett gemietet werden für Meetings oder Partys mit Freunden.

Hornstulls Strand 1, Södermalm
Tel: 0046 (0)8 6688270, www.iglo.se
Öffnungszeiten:
Mitte Oktober – Mitte März:
Montag – Freitag 7.00 – 14.00 Uhr,
Dienstag und Donnerstag
16.00 – 20 Uhr, Samstag – Sonntag
10.00 – 17.00 Uhr,
Preise: 1 Stunde ca. 13 Euro

MIT DEM FAHRRAD DURCH STOCKHOLM

In Stockholm macht Radfahren Spaß. Es gibt ein dichtes Netz an Radwegen und da die Stadt recht kompakt ist, müssen auch keine überaus langen Wege zurückgelegt werden. Man radelt vielfach im Grünen oder am Wasser entlang, immer umweht von einem angenehm kühlen Lüftchen vom Meer.

Rent a bike
Strandvägen, Kajplats 24
Östermalm, Tel: 0046 (0)8 6607959
Mobil: 0046 (0)762 267683
www.rentabike.se, Öffnungszeiten:
Täglich 10.00 – 18.00 Uhr

Djurgårdsbrons Sjöcafé
Galärvarvsvägen 2, Djurgården
(direkt an der Brücke)
Tel: 0046 (0)8 6605757

JOGGEN IM GRÜNEN

Die großen Grünflächen von Stockholm ergeben einen städtischen Nationalpark, der weltweit einzigartig ist. Nur ein paar Fußminuten vom Zentrum entfernt, liegt die Insel Djurgården. Gleich links nach dem Überqueren der Brücke Djurgårdsbron taucht man in eine Oase aus Grün und Wasser ein, von der man als Jogger in jeder Stadt nur träumen kann.

Ideal zum Joggen ist auch der Hagaparken, wenn Sie eher im Norden von Stockholm wohnen.

Djurgården
Hagaparken

SONNTAGSAUSFLÜGE IN STOCKHOLM

Inselspaziergang auf Djurgården

Gleich nach der Brücke Djurgårdsbron eröffnet sich ein grünes Paradies inmitten der Stadt. Die Insel Djurgården ist das beliebteste Gebiet zum Herumschlendern in Stockholm. Ein einzigartiger Mix aus herrlicher Natur und Kultur. Einst königliches Jagdgebiet, entging die Insel durch einen Beschluss des Reichtags dem Bauboom des 19. und 20. Jahrhunderts, sodass man nur sehr vereinzelt Häuser und Villen vorfindet. Wer nach der Brücke rechts abbiegt, kommt am Vasa Museum vorbei und landet im Galärparken mit Stockholms bekannten touristischen Attraktionen wie Skansen und dem Vergnügungspark Grönalund. Ruhiger und idyllischer ist es dagegen, wenn Sie die linke Richtung einschlagen. Nach einer Weile gemütlichen Spazierens trifft man rechts auf die Rosendalsterrassen und entdeckt den einzigartigen biodynamischen Garten Rosendals Trägård. In einem der Gewächshäuser, umgeben von duftenden Blumen und Obst- und Gemüsebeeten, die man auch pflücken kann, genießt man leckere hausgemachte Kuchen und Salate. Die hauseigene Bäckerei macht zudem fantastisch schmeckende Knäckebrote.

Für Liebhaber schwedischer Kunst lohnen sich die Ausstellungen der Thieska Galleriet und Prins Eugens Waldemarshudde für einen Besuch, beide sind in schönen Villen beherbergt.

Rosendals Trägård,
Rosendalsterrassen, 12, Djurgården

Tel: 0046 (0)8 54581270
www.rosendalstradgard.com
Öffnungszeiten: Montag – Freitag
11.00 – 17.00 Uhr, Samstag – Sonntag
11.00 – 18.00 Uhr

Thielska galleriet, Sjötullsbacken 8
Blockhusudden
Tel: 0046 (0)8 6625884
www.thielska-galleriet.se
Öffnungszeiten:
Montag – Samstag 12.00 – 16.00 Uhr,
Sonntag 13.00 – 16.00 Uhr

Prins Eugens Waldemarsudde
Prins Eugens väg 6
Tel: 0046 (0)8 54583700
www.waldemarsudde.se
Öffnungszeiten: Dienstag – Sonntag
11.00 – 17.00 Uhr, Donnerstag
11.00–20.00 Uhr, Montag geschlossen

X Lasse i Parken

Wer es verwunschen wie bei „Michel aus Lönneberga" liebt, der sollte den Weg nicht scheuen. Das Café liegt etwas abseits gelegen am westlichsten Zipfel von Södermalm. Im Sommer sitzt es sich herrlich in einem verwilderten Garten, im Winter am offenen Kamin in einem uralten Cottage aus dem 18. Jahrhundert bei selbstgebackenem Kuchen und Brot. Alles ist auf eine charmante Art etwas improvisiert und verträumt. Von hier aus sind es nur noch ein paar Fußminuten zu der kleinen, besonders grünen und kaum bebauten Insel Långholmen, die vielen Stockholmern zum Joggen und Baden dient. Der Sandstrand der Insel lädt überall zum Baden ein.

Högalidsgatan 56, Södermalm
Tel: 0046 (0)8 6583395
www. lasseiparken.se
Öffnungszeiten: Montag – Sonntag
11.00 – 17.00 Uhr, im Sommer
bis 20.00 Uhr

Japanisches Spa

Eine halbe Stunde von Stockholm entfernt liegt inmitten grüner Pinienbäume und in absoluter Ruhe die außergewöhnliche Relax-Oase Yasuragi. Das minimalistische Bad ist nach traditionellem japanischem Vorbild konzipiert und ein idealer Ausflug für Designliebhaber, die in der Natur Energie auftanken wollen. Mit Jacuzzi, Meditation oder Shiatsu-Massage am Wochenende können Sie sich hier herrlich auf fernöstliche Rituale einlassen. Es lohnt sich für einen Tagesausflug, aber der Besuch ist eigentlich erst vollkommen, wenn Sie sich einmal den Luxus gönnen und sich in einem der japanischen Ryokans einbuchen. Am Wochenende kann man in der Sushi School die Geheimnisse des Sushi-Rollens lernen.

Anfahrt: im Sommer mit der Vaxholm-Fähre direkt von der Anlegestelle vor dem Grand Hôtel,
Fahrzeit ca. 30 min.
www.vaxholmsbolaget.se
Tel: 0046 (0)8 6795830

Yasuragi, Hasseludden
Hamndalsvägen 6, Saltsjö-Boo
Tel: 0046 (0)8 7476100
www.yasuragi.se
Öffnungszeiten:
Yasuragi Day 8.00 – 16.00 Uhr und Yasuragi Night 14.00 – 22.00 Uhr,
Preise: ab 95 Euro pro Person inkl. Bad, Kursen und Lunch oder Dinner, DZ im Hotel 293 Euro und im Ryokan 360 Euro pro Person inkl. Dinner, Spa und Kursen

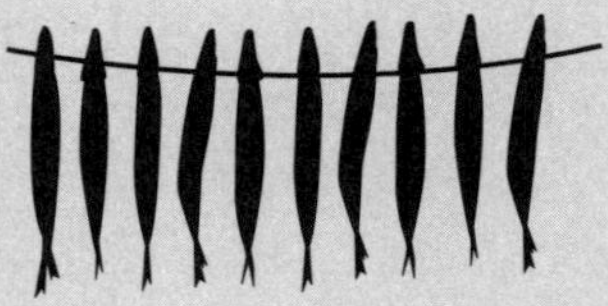

Fjäderholmarna

Am Wochenende zieht es die Stockholmer raus in die Schären. Wer typische Schärenatmosphäre ohne lange Anreise von Stockholm aus schnuppern möchte, ist hier richtig. Fjäderholmarna ist die nächstgelegene, 25 min. mit dem Boot entfernte Insel. Hier ist alles in einem angenehmen

DO SOMETHING YOU HAVE NEVER DONE BEFORE

Raus in die Schären

Imposant und spektakulär ist der Stockholmer Schärengarten – eine weitläufige, fächerförmige Meereslandschaft mit über 24 000 Inseln und Schären. Wenn Sie die eigentliche Reise zu einem unvergesslichen Erlebnis machen wollen, dann sollten Sie unbedingt eine Schärentour unternehmen. Besteigen Sie eines der klassischen weißen Schärengartenboote, die direkt vom Zentrum Stockholms abfahren und von denen viele aus dem 19. und frühen 20. Jahrhundert stammen. Es erwartet Sie eine atemberaubende Mischung aus Seevögeln, Meerduft und roten Holzhäuschen, die sich wie Perlen in die fast unberührte Natur einfügen. Einige der Schärendampfer sind Eisbrecher, so dass der Ausflug im Sommer wie im Winter gleichermaßen reizvoll ist.

Abfahrt vor der Anlegestelle am Grand Hôtel

Rahmen schwedischer Ferienromantik geblieben. Für die kleine Stärkung wartet direkt an der Anlegestelle die Fischräucherei Roekeriet. In Biergarten-Atmosphäre werden frische Kleinigkeiten serviert: Krabben, Räucherfisch und andere appetitliche Snacks, die allen Wünschen und Klischees des Nordens entsprechen.

Insel Fjäderholmarna, Abfahrt
vom Nybroplan
Tel: 0046 (0)8 7165088
www.rokeriet.nu
Fischräucherei Roekeriet
Öffnungszeiten:
Anfang Mai bis Mitte September
täglich 10.30 – 23.00 Uhr

Grinda
Ein beliebtes Ausflugsziel der Stockholmer ist die Insel Grinda südlich von Ljusterö. Inmitten herrlicher Natur mit allem, was man zum Ausruhen braucht: Klippen und weite Sandstrände zum Badengehen, Kajaks und Tretboote zum Mieten. Wenn der Hunger kommt oder Sie gar über Nacht bleiben möchten, empfehlen wir das Grinda Wärdshus. Henrik Santesson, der erste Direktor des Nobel-Komitees hat die Insel Grinda 1906 gekauft und ein Sommerhaus für sich und seine Familie gebaut, das heute als schönes Hotel und Restaurant das ganze Jahr über Gäste empfängt. Die Fahrt mit dem Boot geht über Waxholm und beträgt je nach Boot ein bis zwei Stunden.

Grinda Wärdshus, Södra Bryggan
Grinda, Waxholm
Tel: 0046 (0)8 54249491
www.grindawardshus.se

ENTDECKUNGEN AUF SÖDERMALM

Söder ist das zurzeit angesagte Stadtviertel für einheimische Trendsetter. In dem ehemaligen Arbeiterbezirk, der vor Jahren noch unter seinem Schmuddel-Image litt, wohnen heute viele Stockholmer Bohemiens, die das unkonventionelle Flair lieben. Kleinere Mode- und Designboutiquen, Cafés, Bars und Galerien haben den ehemals armen Stadtteil in eine Art nordisches Berlin-Mitte verwandelt. Interessant für eine Entdeckungsreise sind vor allem die Gegenden um Götgatan und Sofo. Sofo (Söder om Folkungsgatan) heißt so viel wie „auf der südlichen Seite der Hauptverkehrsstraße Folkungagatan". Hier ist die Stimmung jung, cool und lockerer als in den alteingesessenen Innenstadtvierteln. In den steilen Gassen auf der Ostseite am Asöberget und Vitaberget lassen sich schwedische rote Holzhäuschen des 17. und 18. Jahrhunderts bewundern, wie man sie sonst kaum noch in Stockholm findet. Wenn Sie sich nun nach einer kleinen Pause sehnen, dann sollten Sie unbedingt das szenige Café String ansteuern. Hier erwartet Sie ein gemischtes interessantes Publikum und ein wilder bunter Mix aus Stühlen und Tischen, die inklusive dem Geschirr auch käuflich zu erwerben sind.

Café String, Nytorsgatan 38
Södermalm, Tel: 0046 (0)8 7148514
Öffnungszeiten:
Montag – Donnerstag 9.30 – 21.00 Uhr,
Freitag 9.30 – 19.00 Uhr, Samstag +
Sonntag 10.00 – 18.00 Uhr

MITTSOMMER IN STOCKHOLM

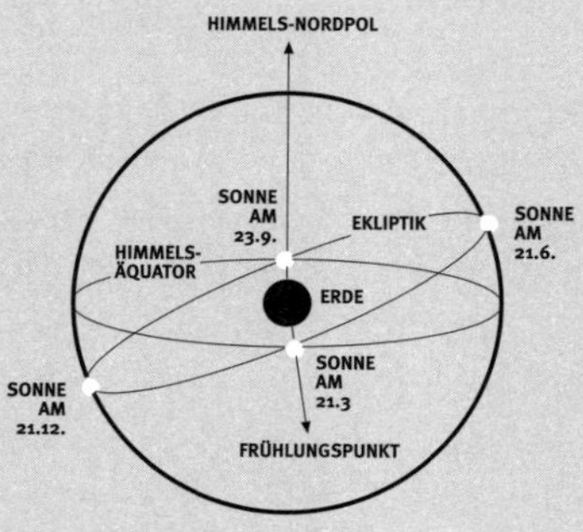

An Mittsommer trifft man keinen Stockholmer in der Stadt und die meisten Restaurants haben geschlossen. Jeder freut sich auf den längsten Tag des Jahres, an dem es nie richtig dunkel wird. Mittsommer ist immer im Juni von Freitag auf Samstag an dem Wochenende, das nach dem 24. Juni folgt. Die meisten Stockholmer fahren dann in die Schären oder aufs Land und verbringen den Tag mit Familie und Freunden. Nach altem Brauch wird eingelegter Hering mit neuen Kartoffeln gegessen. Dazu trinkt man Bier und Schnaps. Auf dem Land wird noch traditionell gefeiert und in Trachten um den Baum (Midsommarstången) getanzt. Wen man ein paar Tage vor Mittsommer nach Stockholm reist, kann man schon das fantastische helle Licht bis in die frühen Morgenstunden und die gute Stimmung und Vorfreude der Stockholmer in der ganzen Stadt spüren.

Greta Garbo (1905 – 1990)

Die gebürtige Stockholmerin gilt als eine der größten Filmlegenden, die Hollywood je hervorgebracht hat. Greta Garbo glänzte vor allem Ende der 20er und in den 30er Jahren des zwanzigsten Jahrhunderts in zahlreichen amerikanischen Filmen in tragischen Frauenrollen. Ihre einzigartige Präsenz wurde von den Kritikern mit Beinamen wie die Göttliche, schwedische Sphinx oder Traumprinzessin der Ewigkeit beschrieben. Sie liegt auf dem Waldfriedhof Skogskyrkogården in Stockholm begraben.

Alfred Nobel (1833 – 1896)

Er erfand das Dynamit und stiftete den Nobelpreis. Alfred Nobel wurde 1833 in Stockholm als Sohn schwedischer Eltern geboren, zog jedoch im Alter von neun Jahren mit ihnen nach St. Petersburg. Er lebte danach in verschiedenen Ländern und betrachtete sich selbst schließlich als Weltbürger. Trotzdem gab er seine schwedische Staatsbürgerschaft nie auf. Die Nobelpreise für Physik, Chemie, Physiologie oder Medizin, Frieden, Literatur und der Preis für Wirtschaftswissenschaft werden den Preisträgern bei einer Zeremonie im Stockholmer Konzerthaus jährlich am 10. Dezember, dem Tag, an dem Alfred Nobel 1896 in San Remo starb, feierlich übergeben.

Ingmar Bergmann (1918 – 2007)

Mit seinen über 60 Filmen war Ingmar Bergmann einer der bedeutendsten Filmemacher des 20. Jahrhunderts. Der Durchbruch gelang ihm 1955 mit dem Film „Das Lächeln einer Sommernacht" („Sommarnattens Leende"), der bei den Filmfestspielen in Cannes ausgezeichnet wurde. Bergmans Filme wurden vor allem in den 60er Jahren zum Inbegriff von – vergeblicher – Suche nach Sinn im Leben, Vergebung und göttlicher Gnade.

Montecore, ein Tiger auf zwei Beinen
von Jonas Hassen Khemiri

Eine zärtliche Vater-Sohn-Geschichte und ein raffiniert doppelbödiges Einwandererschicksal, das vom Stockholm der 80er Jahre bis heute erzählt. Witzig und herzzerreißend wird in Form eines kuriosen und leidenschaftlichen Briefwechsels zwischen Jonas und dem besten Freund des Vaters Kadir aus Tunesien ein Bild vom verschollenen Vater entworfen, der als Superheld gleich in der ersten Szene im weißen Anzug auf seiner luxuriösen Dachterrasse auf und ab schlendert, und man fragt sich, wie ein ärmlicher tunesischer Waisenjunge zu so kosmischem Erfolg gelangte.

WICHTIGE INFORMATIONEN

Tourist office:
Stockholm Tourist Centre im Schwedenhaus
Hamngatan 27, Eingang Kungsträdgården
Tel: 0046 (0)8 50828508
Email: info@svb.stockholm.se
Montag – Freitag 9.00 – 19.00 Uhr,
Samstag 10.00 – 17.00 Uhr,
Sonntag 10.00 – 16.00 Uhr

City-Websites:
www.stockholmintown.com

Telefonieren:
Schweden 0046
Stockholm (0)8

Währung:
Schwedische Kronen
1 SEK = 0,12 Euro

Transport Flughafen:
Mit dem Arlanda Express zum Hauptbahnhof: Züge gehen alle 15 min. Fahrzeit ca. 20 min./18 Euro für die einfache Fahrt
www.arlandaexpress.com

Mit dem Taxi ins Zentrum:
ca. 30 min./45 Euro

Taxiruf:
Taxi Stockholm: 0046 (0)8 150000
Taxi 020: 0046 (0)8 020202020

Fahrradverleih:
Rent a bike
Strandvägen, Kajplats 24
Östermalm
Tel: 0046 (0)8 6607959
Mobil: 0046 (0)762 267683
www.rentabike.se

Sjöcafé
Galärvarvsvägen 2, Djurgården
(direkt an der Brücke)
Tel: 0046 (0)8 6605757

Stadtmagazin:
På stan (wöchentliche Beilage der Tageszeitung Dagens Nyheter)

MEIN PERFEKTES WOCHENENDE

Freitag:

Samstag:

Sonntag:

NOTIZEN

NOTIZEN

NOTIZEN

NOTIZEN

NOTIZEN

NOTIZEN

NOTIZEN

NOTIZEN

NOTIZEN

NOTIZEN

NOTIZEN

NOTIZEN

GUTSCHEIN FÜR EINE PROBEMITGLIEDSCHAFT

Die Buchreihe „Ein perfektes Wochenende in ...“ wird herausgegeben vom Online-Cityguide www.smart-travelling.net. Hier finden Sie viele weitere ungewöhnliche Adressen für über 25 europäische Städte. Tipps für Shops, Galerien, Hotels, Snacks und Restaurants. Smart Travelling zeigt nicht alles und jedes, sondern sucht nach dem Authentischen und Besonderen, nach Orten, die das Flair einer Stadt ausmachen und uns immer wieder empfangen wie ein guter Freund.

Werden Sie bei unserem Online-Cityreiseguide www.smart-travelling.net kostenlos Probemitglied für drei Monate. Klicken Sie auf den ersten Schlüsselbutton (Gutschein einlösen) der Homepage und geben Sie im Schritt 2 das folgende Passwort ein:

ST20072-3x897e

www.smart-travelling.net